AF369569

DISCOURS

DE

M. L'ARCHIPRÊTRE DE St-SEURIN

AUX OBSÈQUES RELIGIEUSES

DE

M. DU CHESNE de BEAUMANOIR

28 Octobre 1879

DISCOURS

DE

M. L'ARCHIPRÊTRE DE St-SEURIN

AUX OBSÈQUES RELIGIEUSES

DE

M. DU CHESNE de BEAUMANOIR

28 Octobre 1879

Avant d'achever les prières de la liturgie sacrée, disons, mes Frères, une parole d'adieu à notre ami, à notre confrère du Conseil de Fabrique. Il mérite bien ce tribut de notre amitié et de notre reconnaissance. Le plus ancien en date des administrateurs de cette église, il a pris part à tout ce qui s'est fait depuis quarante ans pour l'embellissement de la vieille basilique. Il aimait la maison de Dieu et se plaisait à procurer et à contempler sa beauté. Il la visitait fréquemment. Tant que ses forces le lui permirent, on le vit chaque jour assister au divin sacrifice avec un profond recueillement et une piété touchante.

Mais il visitait avec une assiduité non moins grande, avec un empressement non moins édifiant, d'autres temples encore : les temples de la misère, les sanctuaires de la pauvreté, où J.-C. habite aussi sous les dehors du pauvre, du souffrant, du malade. En bon membre des conférences de Saint-Vincent-de-Paul qu'il était, il ne bornait pas sa charité aux corps et aux soins que les corps réclament, il faisait des âmes, des âmes surtout, l'objet de ses vives et constantes sollicitudes. Il voyait d'habitude les malades du quartier, et ses pieuses exhortations préparaient les voies au prêtre, ou même le suppléaient dans l'intervalle de ses visites.

Que de malades il a aidés ainsi à bien

mourir! Aucun de ses anciens amis du siècle ne s'en allait de ce monde sans qu'il se préoccupât auparavant de son salut éternel. Averti par ses soins, le pasteur se rendait auprès du mourant, qui l'accueillait avec joie, qui acceptait son ministère, disposé qu'il était, favorablement prévenu par l'ami chrétien qui lui avait rappelé ses devoirs et ses immortelles destinées.

C'est ainsi que M. du Chesne de Beaumanoir exerçait le triple apostolat de la piété, de la charité et du zèle. Sa douceur inaltérable, sa politesse exquise, sa bienveillance sans mesure à l'égard de tous, lui assurait partout le succès. Qui donc eût su résister à tant de bonté, qui donc eût eu le courage de contrister, en repoussant ses conseils, une âme si chrétienne et si saintement dévouée?

Dieu a récompensé son serviteur en donnant à ses derniers moments un calme, une paix, une sérénité vraiment enviables. C'est bien de lui qu'on peut dire, non pas qu'il est mort, mais qu'il s'est endormi et endormi dans le Seigneur. Rien qui ait pu lui révéler l'approche de la mort, rien qui ait pu lui en faire ressentir les terreurs ordinaires. Un simple affaissement, une faiblesse, une lampe vacillante qu'un léger souffle éteint! Une telle mort, une mort si douce, si tranquille, si inaperçue, est une grâce d'ordinaire, mais à une condition, c'est que celui qui en est l'objet ait été au préalable bien préparé. Or tel a été le cas de notre cher défunt. Sans rien soupçonner de ce qui l'attendait et si prochainement, de lui-même il avait demandé à communier l'avant-veille, heureux de devancer par là la belle solennité de La Toussaint, conjurant en outre le prêtre qui le visitait de lui donner les derniers sacrements, l'extrême-onction en particulier, dès que le moment en serait venu ; car il voulait, disait-il, recevoir toutes ces grâces en pleine connaissance. S'il ne les a pas reçues, il les a du moins désirées. Dieu lui aura tenu compte de ce désir. Voyez : c'est le jour même de la fête de notre saint patron, le matin, au moment où s'offrait ici le saint sacrifice, qu'il est allé se mêler là haut au sacrifice éternel et louer le saint sous la protection duquel il avait vécu tant d'années ! Souvenez-vous de nous, cher frère, souvenez-vous dans le ciel de nos pauvres, de nos malades, de nos mourants, comme vous vous en souveniez sur la terre ; souvenez-vous de votre famille, de vos enfants déjà dignes de vous, souvenez-vous de cette pa-

roisse qui vous fut chère, et de son pasteur ;
souvenez-vous de vos amis qui regretteront
vos bons exemples, mais qui n'en perdront
pas le souvenir. Ainsi soit-il.